This book is a gift from

*This book is a gift from*
**The Durham Public Education Network**
*in community partnership with*
**Amy Press,**
**Verizon,**
**Wachovia Bank, Elmo's Diner, GlaxoSmithKline,**
**Morgan Dodge-Jeep, Blue Cross Blue Shield of North Carolina,**
**Hecht's – The May Department Stores Company,**
**Eli/Lilly & Company/Sphinx Pharmaceutical,**
**Time Warner Cable, Measurement Incorporated,**
*& hundreds of Durham community*
*donors & volunteers*

# Roly and Renee: The Best of Friends

written and illustrated by Takahiro Yamada

adapted by J.B. Kelly

# Roly y Renee: Los Mejores Amigos

Escrito e ilustrado por Takahiro Yamada

Adaptación al español por Max Resto

AMY Press

to all the children
para todos los niños

AMY Press

Copyright © 2001 by AMY Press, Inc.

Book design by Jana Soroczak

Printed in Singapore by Imago
First Edition

Library of Congress Control Number: 2001093291
ISBN 1-931730-01-6

Roly was a little blue snake who lived all alone in the ground.

Roly, una pequeña serpiente de color azul, vivía solito en la tierra.

He had nobody to play with
and soon grew tired
of chasing his tail.

No tenía a nadie con quien
jugar y pronto se cansó de
perseguir su propia cola.

So one fine day he set out to find a friend.

Un buen día salió a buscar un amigo.

"Good morning, Mr. Turtle!"
he called out to a turtle
that was passing by.
"Isn't it a beautiful day?"

Llamó a una tortuga que pasaba:
"¡Buenos días, Señor Tortuga!
¿No es éste un hermoso día?"

But Mr. Turtle didn't like snakes.
"Please leave me alone," he said
as he hid away in his shell.

Pero al Señor Tortuga las serpientes le asustaban.
"Por favor, déjame en paz",
dijo mientras se escondía en su caparazón.

Next he came upon a Mama bird
and her chicks.
But Mrs. Bird was suspicious of snakes.

"Scram, you little snake!"
she squawked,
"and stay away from my babies!"

Luego se acercó a una señora
ave y sus polluelos.
Pero a la señora ave le espantaban
las serpientes.

"¡Aléjate, pequeña serpiente!",
chilló ella.
"¡Y no te acerques
a mis bebés!"

Then Roly saw a bunny
who happened to be hopping by.

Hippety-hoppety

went the bunny.

Thumpety-thump

went his heart.

Roly vio a una conejita
que pasó saltando por su lado.

Pracatá, pracatá

brincaba la conejita.

Pum, pum, pum

hizo el corazón
de Roly.

But the bunny was **terrified** of snakes and ran off screaming.

Pero a la conejita le **aterrorizaban** las serpientes y gritando corrió del lugar.

"Maybe they'd like me if I looked more like them," he thought.

"Quizás me acepten si me parezco más a ellos", pensó.

"Why was I born
a snake?"
moaned Roly, feeling very
sorry
for himself.
"Nobody wants to
be friends
with a snake."

"¿Por qué nací
serpiente?"
se quejaba
Roly
con pena.
"Nadie quiere ser
amigo de
una serpiente".

Just then he saw
a little yellow fox
running towards him.

"You're
the one I'm looking for!"
shouted the fox,

and Roly's heart
leapt
with joy.

"Maybe she wants to
play with me,"
he thought.

Entonces Roly vio
una pequeña zorra
amarilla que corría
hacia él

"Tú eres a quien
estoy buscando",
gritó la zorrita

y su corazón dio un
brinco
de alegría.

"Tal vez quiere jugar
conmigo", pensó Roly.

But the fox
    just reached up
and yanked him out of the tree.

Pero la zorra dio
    un salto
y lo arrancó del árbol de donde colgaba.

"Ouch!" cried Roly,
    as the fox dragged him
        along the ground.

"I don't want
to play this game!"

"¡Ay!" se quejó Roly
        mientras la zorrita lo arras-
            traba por la tierra.

"Este juego no me
    gusta nada".

Soon the bumpy
ride ended.

But now the fox
wanted him to crawl into
a hole and pick some-
thing up for her.

"Making friends
sure is hard,"
sighed the snake.

Pronto la carrera
terminó,

pero ahora la
zorrita quería que
se metiera en un hueco y
le sacara algo.

"Hacer amigos
cuesta mucho trabajo",
suspiró Roly.

"Maybe now she'll be nicer," thought Roly as he picked up a package at the bottom of the deep, dark hole.

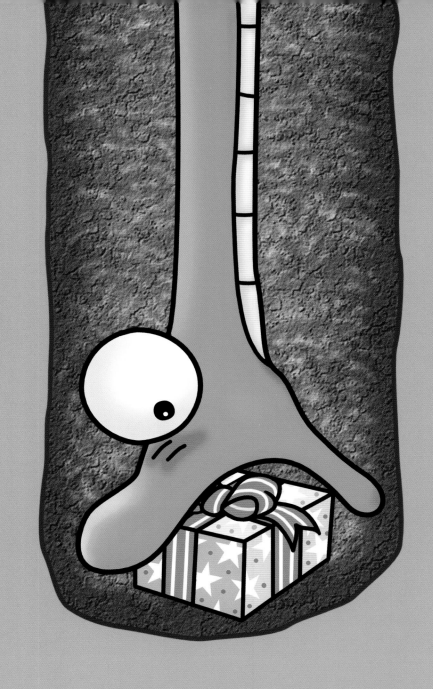

"Quizás ahora me trate mejor", pensó Roly mientras sacaba el paquete del fondo del oscuro y profundo hueco.

Yippee!" said the fox
when he handed her the package.
thought it was lost forever."
Roly was **happy** he could help her out.

"¡Qué bien!" dijo la zorrita cuando
él le entrego el paquete.
"Creí que lo había perdido para siempre".
Roly estaba **feliz** de poder ayurdarla.

Pero
en lugar de darle las gracias, la zorrita salió corriendo sin decir otra palabra.

But
instead of thanking him she turned around and ran off without another word.

Poor little Roly watched in silence as the fox vanished into the woods.

Roly vio en silencio como ella desaparecía dentro del bosque.

Then he started to cry.
"Why does everybody run away from me?"
"Why doesn't anybody like me?"

Entonces empezó a llorar.
"¿Por qué todos se alejan de mí?" dijo.
"¿Por qué nadie me quiere?"

His heart heavy,
the little snake headed for home.

"I'll never help anyone again,"
thought Roly.

"I'll never leave my home again.
I'll never - "

Just then
he heard someone calling him.
"Hey little snaky guy,
come back!"

Lleno de tristeza,
Roly se fue a su casa.

"Jamás volveré a ayudar
a nadie", pensó Roly.

"No volveré a salir de mi
hogar, nunca"...

De pronto escuchó que
alguien lo llamaba.
"Ey, pequeña serpiente,
no te vayas!"

"I'm sorry I forgot to thank you before,"
     said the fox
when she caught up with Roly.

"I was so excited that you rescued
     my mom's birthday present
that I couldn't wait to give it to her.
     Thanks for helping me."
"You're welcome," said Roly.

"Se me olvidó darte las gracias antes",
     dijo la zorrita
     cuando alcanzó a Roly.

"Estaba tan contenta cuando me
     ayudaste a sacar el regalo de
cumpleaños de mi mamá, que no
     podía esperar para dárselo.
Gracias". "No es nada", dijo Roly.

"I've got a present
for you too,"

said the fox with a smile.
"For me?" asked Roly.

"Tengo un regalo para
ti también",

dijo con una sonrisa la zorrita.
"¿Para mí?" preguntó Roly.

Inside the package he found a snappy **bow tie** the fox had made for him out of her favorite ribbon.

Dentro del paquete Roly encontró un lindo **lazo** que la zorrita le había hecho con un pedazo de su cinta favorita.

Roly was giddy with happiness.
"You made this just for me?"
he asked. "Just for you," said the fox.

Roly estaba feliz.
"¿Hiciste esto para mí?" preguntó.
"Sólo para ti", dijo la zorrita.

"A nice guy like you must have loads of friends," said the fox as they headed down the lane together. "Can I be your friend too?"

"Me imagino que un buen chico como tú debe tener muchos amigos", dijo la zorrita mientras caminaban juntos por el bosque. "¿Puedo ser tu amiga también?"

"Well, it's true that I'm a pretty **popular** guy," said the little snake casually.

"Bueno, es cierto que soy un chico muy **popular**", dijo Roly casualmente.

"The name's Roly, by the way.
What's yours?"
"I'm Renee," said the fox.
"It's very nice to meet you."

"Me llamo Roly.
¿Cuál es tu nombre?"
"Soy Renee", dijo la zorrita.
"Es un placer conocerte".

Now they play together all the time.
Ahora Roly y Renee juegan juntos todos los días.

They make each other smile.

Juntos ríen,

They make each other giggle.

juntos gozan,

They make each other happy.

juntos son felices

Every day is a new adventure for Roly and Renee.
y hacen que cada día sea una gran aventura.

They're the best of friends.

Ellos son los mejores amigos.